Alles Liebe!

2. Auflage 2009

Postfach 3407 · D-26024 Oldenburg
www.lappan.de · info@lappan.de

Lektorat: Peter Baumann

Gesamtherstellung:
Proost International Book Production

Printed in Belgium

ISBN 978-3-8303-3203-9

Heinz Erhardt

Alles Liebe!

mit Bildern von Gerhard Glück

Lappan

Alles Liebe

Manche Dichter gibt es, die be-
nötigen der Sachen vier:
einen guten Reim auf Liebe,
Feder, Tinte und Papier.

»… und vergesst nicht wieder abzuspeichern, großer Meister!«

Was wär …

Was wär ein Apfel ohne –sine,
was wären Häute ohne Schleim,
was wär die Vita ohne –mine,
was wär'n Gedichte ohne Reim?

Was wär das E ohne die –lipse,
was wär veränder ohne –lich,
was wären Kragen ohne Schlipse,
und was wär ich bloß ohne dich?

»Unser Idyll trügt, Mechthild! Bedenk nur, dass wir eigentlich mit 107118 Stundenkilometern durchs All rasen!«

’s kommt ein Vogerl geflogen

Ein kleiner Spatz kommt angeflattert
und hüpft auf meinen Fuß. Verdattert
entdecke ich in seinem Schnabel
ein Telegramm, und in dem Kabel
telegrafiert Andrea mir:
»Komm bald, ich sehne mich nach dir!«

Spreiz deine Flügel, kleiner Bote,
und flieg zurück zu der Geliebten
und überreich ihr meine Note,
in welcher steht, ich käm am siebten!

Ein Genie ist ein Mann,
dem es wenigstens ein einziges Mal gelingt,
eine Frau davon zu überzeugen,
dass sie Unrecht hat.

Stillleben in Gefahr

Die Schlange

Die Schlange kriecht – als leide sie
an schlechtem, unreinem Gewissen,
weil Ad und Eve, weil beide sie
durch sie in einen Apfel bissen.

Der Mensch hat dies schon oft bereut,
und über ihn ging mancher Sturm hin …
Und in so manchem Obst ist heut –
und nicht in dem nur – noch der Wurm drin.

Gänseblümchen

Ein Gänseblümchen liebte sehr
ein zweites gegenüber,
drum riefs: »Ich schicke mit 'nem Gruß
dir eine Biene rüber!«

Da rief das andere: »Du weißt,
ich liebe dich nicht minder,
doch mit der Biene, das lass sein,
sonst kriegen wir noch Kinder!«

Helga M. sinniert über mögliche Formen einer Reinkarnation.

Herr Ebert hat es geahnt, der Klimawechsel könnte über Nacht kommen!

Der Löwe

(lat. Leonides Prankmähnus)

Die Freundin vom Löwen heißt Löwenzahn. Der Löwe trägt eine riesige Mähne, während sie nur wenig behaart ist.

Der Löwe ist ein sehr zahlreiches Tier, denn man sieht ihn in jedem Zoo. Dort bewohnt er meist ein prächtiges Appartement, sodass man hier dem typischen Salonlöwen gegenübersteht.

Der Löwe fällt in der Wüste kaum auf, weil er auch gelb ist. Die Ein-, Zwei- oder Dreigeborenen fangen ihn, indem sie ein Schild vor ihre Dörfer stellen, auf dem in arabischer oder schwarzer Sprache steht: Eintritt für Löwen verboten! Nun kann der Löwe aber nicht lesen!

Der Löwe oder auch Leu besitzt einen guten Leumund. Es fällt ihm nicht schwer, ganze Ochsen in ihm wegzutragen.

Der Löwe lebt im schwarzen Erdteil. Er ähnelt sehr unserer Hauskatze. Nur wird er einige Nummern größer als diese, was kein Wunder ist, denn Afrika ist ja auch größer als unser Europa.

Matinée

Die meisten Ehen
scheitern an Unterhosen
und Lockenwicklern.

Bauer Hermann, vom Denken überschattet

Bin ich verliebt?

Gestern nacht war Wetterleuchten,
und wir saßen an dem Strand,
und die Wellen rauschten leise,
und ich drückte ihr die Hand.
Und dann wollt' ich etwas sagen,
und ich sah ihr ins Gesicht,
und da konnt ich es nicht sagen,
nein, ich konnt es nicht!
Bin ich verliebt? Vielleicht auch nicht!
Vielleicht auch doch, kann sein, vielleicht!
Warum vielleicht? Vielleicht bestimmt!
Vielleicht auch nicht, vielleicht?
Jeden Morgen schmeckt mir der Kaffee
ganz besonders fein,
aber heute, weiß der Teufel,
wollt er gar nicht recht herein.
Auch der Duft der Zigarette
ist mir gar nicht angenehm,
und in dem sonst weichen Bette
schlief ich unbequem!

▷

Bin ich verliebt? Wieso verliebt?
Vielleicht auch nicht, vielleicht auch doch!
Kann sein vielleicht, warum vielleicht?
Vielleicht bestimmt!
Sagen Sie mir, meine Herren,
im Vertrauen: ist das so,
dass, wenn man in wen verliebt ist,
man mehr traurig ist als froh?
Sagen Sie mir, meine Damen,
war es dumm, dass ich nicht sprach,
wo sie doch am Meeresstrande
dicht daneben lag?
Bin ich verliebt? Und wenn, bestimmt!
Warum vielleicht? Es kann doch sein!
Vielleicht auch nicht. Vielleicht auch doch,
vielleicht!

Kommt die Flut?

Kalle Begert bei seinem Anti-Flugangst-Training.

Der rötliche Mars und die Venus

Früher zogen Mars und Venus
– wann es war, kann man nur ahnen –
eng beinander und in Liebe
ihre vorgeschriebnen Bahnen.

Plötzlich kam ein fremder Körper,
der sich zwischen beide zwängte
und den Mars von seiner Venus
– oder umgekehrt – verdrängte.

Dieser Fremdling war die Erde!
Und sie machte sich noch breiter,
und der Mars entschwand der Venus
immer weiter, immer weiter.

Und die Sehnsucht nach der Freundin
hat den Mars schon fast getötet;
doch – erblickt er sie von ferne,
sehn wir, wie er noch errötet …

Das Steckenpferd

Der eine liebt Konkretes nur,
der andre das Abstrakte,
der Dritte schwärmt für die Natur
und deshalb für das Nackte.
Der Vierte mag nur Fleisch vom Schwein,
der Fünfte Milch und Eier,
der Sechste liebt den Moselwein,
der Siebte Fräulein Meier.
Für jeden gibt es was von Wert,
für das er lebt und streitet,
und jeder hat sein Steckenpferd,
auf dem er immer reitet.

Konstruktivistische Katze, hilflos dem Naturalismus ausgesetzt.

Ein Ostergedicht

Wer ahnte, dass zum Weihnachtsfest
Cornelia mich sitzen lässt?

Das war noch nichts: Zu Ostern jetzt
hat sie mich abermals versetzt!

Nun freu ich mich auf Pfingsten –
nicht im Geringsten!

Damenwahl

Gedanken am Samstagabend

Im Wasser schwimmt der Gummischwamm,
denn heut ist Samstag, und ich bade.
Zwei Zähne fehlen mir am Kamm,
es duftet laut nach Haarpomade. –

Das Wasser tropft ins Abflussrohr,
der Stöpsel scheint nicht gut zu schließen.
Ich habe Seife in dem Ohr
und Hühneraugen an den Füßen. –

Das Wasser ist schon stark getrübt,
nur mühsam wälzen sich die Fluten.
Ich bin seit vorgestern verliebt,
da hilft kein Blasen und kein Tuten. –

*Den Wagners kam diese stille, abgelegene
Gegend plötzlich seltsam vertraut vor.*

Herta sitzt jeden Abend im Theater in der Hoffnung, endlich mal etwas Schweinisches zu sehen.

Ein mytho-unlogisches Gespräch

A. Ich habe bei mir zu Hause ein Aktfoto hängen. Drunter steht „Die Ledige mit dem Schwein". Kennen Sie das?

B. Sie meinen sicher „Die Leda mit dem Schwan"?

A. Ach ja, richtig! Ein Schwan kommt auch drauf vor! Und wer ist diese „Leda"?

B. Leda war die Mutter der „schönen Helena".

A. Wieso „war"? Ist sie tot?

B. Aber natürlich!

A. Erzählen Sie mir doch mal was von der Familie!

B. Also das war so! Eines Tages schiffte sich Menelaus, der Gatte der Helena, nach Kreta ein.

A. Und Helena blieb zu Hause?

B. Ja, in ihrem Schlafgemach. In der Mitte stand ein großes Ruhebett und links der Armleuchter.

A. Ich denke, Menelaus war weg?

B. Nein, ein wirklicher Armleuchter stand da. – Und plötzlich wurde ihr Páris gemeldet!

A. Ach, der mit dem Apfel?

B. Bravo, woher wissen Sie denn das?

A. Na, Páris war doch der, der auf dem Berge Aida der Schönsten mit der Armbrust einen Apfel vom Kopf schoss! ▷

B. Das verwechseln Sie leider mit Wilhelm Tell – aber immerhin! Außerdem hieß der Berg Ida! – Na schön! Páris beschloss, Helena mit List zu erobern.

A. Ach, Klavier spielen konnte er auch?

B. Das weiß ich nicht! Jedenfalls aber nahm er sie mit nach Troja.

A. Ach so ja.

B. Und wissen Sie, wodurch Troja berühmt geworden ist?

A. Durch die Trojabohnen!

B. Nein, durch den Trojanischen Krieg! Die einstmals so stolze Stadt wurde völlig zerstört – und heute ist die Fläche, auf der sie stand, eben!

A. Eben!

Pygmalion?

Keine Frau ist so schlecht,
dass sie nicht die bessere Hälfte
eines Mannes werden kann.

Diese Fremdwörter

Wenn einer viele Fraun sich nahm,
so nennt man so was »polygam«,
genügt ihm aber eine schon,
nennt man den Zustand »monoton«.

Der erste Frühlingsspaziergang langweilt Herrn Möller zutiefst!

KITEKAT
SCHMECKT
EINFACH
BESSER!

Die Katze

Die Katze hat ein gelbes Fell
und sitzt auf meinem Schoße.
Sie mag gern Fisch und eventuell
auch Schmorbraten mit Soße.

Auch fängt sie Mäuse dann und wann
und ab und zu – was seh ich! –
mal einen Vogel, doch nur dann,
wenn er des Flugs nicht fähig.

Oft bleibt sie meiner Kate fern;
dann weilt sie gegenüber.
Sie hat zwar meine Kate gern;
doch ist ihr 'n Kater lieber.

Ein Mann kann eine Frau immer nur
so weit bringen, wie sie will.

Zum ersten Mal seit vielen Jahren hatte Frau Hutter die volle Aufmerksamkeit ihres Mannes!

Kleine Taube zeigt ihrem Gatten, welchen Fellmantel sie sich zum Geburtstag wünscht.

Eine verfahrene Geschichte

Ich sah dich in der Straßenbahn,
sah dich von allen Seiten an,
doch du, mein Schatz, du machtest dir nichts draus!
Ich bot dir meinen Sitzplatz an,
weil ich ja auch mal stehen kann,
doch du, du sagtest »danke« und stiegst aus!

Dies »danke«, oh, gab mir den Rest …
Du bists, die mich nicht schlafen lässt!

Nun fahr ich mit der Straßenbahn,
wann immer ich nur fahren kann,
doch leider, Schätzchen, treffe ich dich nie!
Mich fragte schon die Schaffnerin,
ob ich wohl nicht bei Troste bin,
doch was, ich bitte Sie, versteht denn die?

Vor Kummer bin ich schon ganz dumm …
Vielleicht ists besser, ich steig um?

▷

Nun fahr ich mit dem Autobus,
wann immer ich nur fahren muss,
doch leider werd ich deiner nicht gewahr!
Bist du am Ende gar erkrankt?
Vielleicht verreist? Bist du in Sankt
Maurice, läufst Ski und abends in die Bar?

Werd ich nicht bald *verrückt* vor Qual,
dann bin ich wirklich nicht *normal*!

Humorist auf dem Weg zur Arbeit.

*Vor allem in den Wintermonaten war Fafner
im Hause Wagner unverzichtbar.*

Am Kamin

Es gibt recht viele, die noch immer
vom englischen Kamine schwärmen.
Er kann so leidlich zwar das Zimmer –
doch ich mich nicht für ihn erwärmen.

Wenn ich vor solchem Möbel sitze
– ich muss das wirklich mal erwähnen –,
so hab ich vorne große Hitze
und klappre hinten mit den Zähnen. –

Sitzt du jedoch bei mir ganz dicht,
legst um mich deinen lieben Arm,
dann gilt das, was ich sagte, nicht – – –
dann hab ich es auch hinten warm!

Ferien auf dem Lande

(Ich kam mit meinem Auto an
und Koffern, sechs bis sieben.
Der Motor ging total entzwei,
so musst zuletzt ich schieben.)

Ich wohn in einem Bauernhaus.
Die Milch ist frisch und sahnig.
Die Störchin auf dem Scheunendach,
sie schäkert mit dem Kranich.
Die Kuh macht »muh« – der Ochse auch,
sind schwer zu unterscheiden,
erst wenn man melken will, merkt man
den Unterschied der beiden.
Die Bauersfrau ist jung und schön.
Ich bin bei ihr der Kranich.
Ein Ochse ist ihr Herr Gemahl. –

(Zurück fahr mit der Bahn ich!)

»Ja, so ists gut! Nur ein Wunsch: Könnten Sie Ihren Hühnern sagen, sie möchten bitte in die Kamera schauen?«

Die Metzgersgattin bürgt auch im neuen Jahr für Qualität.

Schöne Aussichten

Ich habe ein Fenster im Zimmer
(das Fenster, das hatt ich schon immer),
doch lohnte es nie, zum Fenster zu gehn,
denn meine Aussicht ist gar nicht so schön:
nur eine Mietskaserne!

Doch wie ich neulich, ganz aus Versehn,
kam in die Nähe vom Fenster zu stehn,
bemerkte ich plötzlich schräg vis-à-vis
ein weibliches Wesen so schön wie noch nie!

Nun guck ich ziemlich gerne …

Baltische Aufforderung

Schatzchen! Komm mit mir auf Wiese,
Sonnchen strahlt und Blume sprießt!
Übern Arm nimm Schirm und Mantel,
falls der Fall kommt, dass es gießt!

Unter uns wird Mantel liegen,
unterm Schirm, da werden wir.
Keiner kann dann nichts was hören,
was ich sag – und was du mir …

Während das Weibchen unbekümmert weiteräst,
hebt das Männchen misstrauisch den Kopf.

Der G-Sketch

Mitwirkende: Die Ehefrau (Sie), der Ehemann und der Hausfreund (Er).

Er: Geliebte!

Sie: Geliebter!

Er: Günstige Gelegenheit!

Sie: Getränk gefällig?

Er: Genialer Gedanke!

Sie: Glas Grog!

Er: Gern!

Sie: Gesundheit!

Er: Gleichfalls! – Gutes Gesöff!

Sie: Glücklich?

Er: Gewiss! *(Kuss)*

Sie: Geht ganz gut, gell?

Er: Gib Gas! *(Kuss)*

Ehemann: *(kommt)* Genug gesehen! Große Gemeinheit!

Sie: Guter Gemahl!

Er: Gespräch ganz geschäftlich!

Ehemann: Glaube garnichts! Greife Gewehr!

Sie: Gnade! Gütiger Gatte!

Er: Gerhard! Genosse!

Ehemann: Geh! Gangster! *(schießt)*

Er: Gesäß getroffen!

Zwei Franzosen um die Gunst einer Frau boulend.

Es darf kein Äußerstes geben, zu dem
wir nicht entschlossen wären,
und keine Lauer, auf der wir nicht lägen.

Heiße Liebe.

Bilanz

Wir hatten manchen Weg zurückgelegt,
wir beide, Hand in Hand.
Wir schufteten und schufen unentwegt
und bauten nie auf Sand.
Wir meisterten sofort, was uns erregt,
mit Herz und mit Verstand.
Wenn man sich das so richtig überlegt,
dann war das allerhand.

Liebschaften sind wie Pilzgerichte, ob sie ungefährlich waren, weiß man erst später.

Sonntagsspaziergang

Das Gedicht

Ich könnte gern noch ein Gedicht
in dieses Büchlein schreiben;
doch weil es mir an Zeit gebricht,
auch küsst mich meine Muse nicht,
drum lass ichs lieber bleiben.